Tom Thaler

Diskrete Ereignissimulation im Kontext BPM

GRIN Verlag

Bibliografische Information der Deutschen Nationalbibliothek:

Die Deutsche Bibliothek verzeichnet diese Publikation in der Deutschen National-
bibliografie; detaillierte bibliografische Daten sind im Internet über http://dnb.d-
nb.de/ abrufbar.

Impressum:

Copyright © 2011 GRIN Verlag, Open Publishing GmbH
Druck und Bindung: Books on Demand GmbH, Norderstedt Germany
ISBN: 978-3-640-97595-2

Dieses Buch bei GRIN:

http://www.grin.com/de/e-book/176299/diskrete-ereignissimulation-im-kontext-
bpm

IWi – Institut für Wirtschaftsinformatik

Diskrete Ereignis-simulation im Kontext BPM

Business Engineering Labor 2

B.Sc. Tom Thaler

Inhaltsverzeichnis

Abbildungsverzeichnis

Tabellenverzeichnis

Abkürzungsverzeichnis

DES	Discrete Event Simulation
OR	Operations Research

1 Einleitung und Motivation

In der Vergangenheit waren Simulationsverfahren vor allem in technischen Disziplinen wichtige Analyseinstrumente, da gerade hier reale Experimente sehr kosten- und aufwandsintensiv sind. Ein klassisches Beispiel hierfür ist die Simulation aerodynamischer Eigenschaften von Fahrzeugen oder Flugzeugen im Windkanal. [1]

Aufgrund immer leistungsstärkerer Computer, welche auch die Simulation hochkomplexer Experimente ermöglichen, kam dieser Technologie eine immer höhere Bedeutung zu, wodurch sie Einzug in die unterschiedlichsten Forschungs- und Entwicklungsdisziplinen – so auch in das Geschäftsprozessmanagement, fand.

Durch diese Technologie ist es möglich, Geschäftsprozesse, vor der Einführung in den Produktivbetrieb, zu simulieren und damit zu verifizieren. Es können Fehler und Schwachstellen der Modelle im Vorfeld identifiziert und behoben werden, wodurch kritische Situationen und ineffiziente Arbeitsweisen vermieden werden.

Das am weitesten verbreitete und bewährte Konzept der diskreten Ereignissimulation (engl. Discrete Event Simulation = DES) stellt in diesem Zusammenhang den Fokus der vorliegenden Arbeit dar, wobei im Grundlagenteil (Kapitel 3) in das gesamte Spektrum der Simulation eingeführt wird. Weiterhin wird anhand eines Beispiels die Formalisierung eines zu simulierenden Systems vorgenommen und die zugehörigen Algorithmen erarbeitet.

Im Kapitel der erweiterten Konzepte (Kapitel 5) wird anschließend auf Erweiterungen und Neuerung in diesem Teilbereich eingegangen und in Kapitel 6 die aktuellen Entwicklungen und offenen Probleme diskutiert. Zum Abschluss werden simulationsunterstützende Softwarewerkzeuge vorgestellt und, auf den Ergebnissen basierend, eine Erweiterung des allgemeinen Bezugsrahmens vorgenommen (Kapitel 8).

---

[1] Domschke, W., Drexl, A.: Einführung in Operations Research – Springer Lehrbuch, Springer 2005, S. 223

2 Historische Entwicklung

Die Simulation im Allgemeinen hat Ihren Ursprung weit in der Vergangenheit. Bereits historische Wissenschaftler und Physiker bedienten sich Modellen zur Analyse von Systemen. Im Allgemeinen spricht man dabei von Experimenten, welche bis heute ein bedeutendes Anwendungsfeld der Simulation darstellen. Als aktuelles und populäres Beispiel können in diesem Umfeld Auto-Crashtests genannt werden.

Wie bereits einleitend angesprochen waren Simulationsverfahren vor allem in technischen Disziplinen wichtige Analyseinstrumente. Durch den Einsatz von leistungsstarker Computertechnik wurde diese immer bedeutender, da Simulationen sehr kostengünstig und ohne real existierende (greifbare) Modelle durchgeführt werden können. Diese Tatsache führte ebenfalls dazu, dass die Simulation auch in anderen Forschungsdisziplinen, wie den Geowissenschaften (beispielsweise Computersimulation von Winden oder Tsunamis) oder den Sozial- und Wirtschaftswissenschaften vermehrt zum Einsatz kam.

Gerade in den Wirtschaftswissenschaften, oder spezieller im Teilbereich des Geschäftsprozessmanagement oder „Operations Research" (Abk.: OR) fand sich in den letzten Jahren ein hoher Zuspruch, da Prozessen unter geringem zeitlichen und finanziellen Aufwand simuliert und analysiert werden können.

Der Informatik kommt in diesem Zusammenhang heute eine besondere Bedeutung zu, da sie sich sowohl mit der technischen Unterstützung und Umsetzung der Verfahren als auch mit den Verfahren selbst befasst.

3 Grundkonzepte

3.1 Begriffsklärung

Unter der (Ereignis-)Simulation im Allgemeinen versteht man das möglichst realitätsnahe Nachbilden von Systemen und Geschehen der Wirklichkeit. Demnach wird durch Abstraktion ein Modell geschaffen, mit welchem zielgerichtet experimentiert wird. „[…] Die daraus resultierenden Ergebnisse werden anschließend wieder auf das reale Problem übertragen. […]"[2]

Simulationen erweisen sich in bestimmten Situationen als besonders nützlich und hilfreich[3]:

- Ein passendes mathematisches Optimierungsmodell ist nicht vorhanden oder nur mit nicht vertretbaren Kosten entwickelbar oder die verfügbaren Methoden sind zu kompliziert oder nicht praktikabel.

- Verfügbare analytische Methoden führen zu vereinfachenden Annahmen, welche das zu analysierende Problem verfälschen würden.

- Die Durchführung realer Experimente (z.B. mit Prototypen) ist zu komplex, zu kostspielig oder zu gefährlich.

„Die Simulation dient der Vorhersage der Zustände einzelner Komponenten und des Gesamtsystems, wobei diese (End-) Zustände meist von einer Fülle von Einflussfaktoren in Form von Wahrscheinlichkeitsverteilungen (z.B. Maschinenausfall) abhängen. Neben der Abbildung einzelner Komponenten und der Quantifizierung der (stochastischen) Einflussfaktoren ist es notwendig, die Zusammenhänge zwischen den Komponenten bzw. Elementen in einem Modell abzubilden. Simulation entspricht dann der Durchführung von Stichprobenexperimenten in einem derartigen Modell."[4]

---

[2] Siepermann, M., Auer, B.R.: Gabler Wirtschaftslexikon – Simulation, Version 7, http://wirtschaftslexikon.gabler.de/Definition/simulation.html, Abrufdatum: 07.04.2011
[3] Domschke, W., Drexl, A.: Einführung in Operations Research – Springer Lehrbuch, Springer 2005, S. 223
[4] Domschke, W., Drexl, A.: Einführung in Operations Research – Springer Lehrbuch, Springer 2005, S. 223f

3.2 Arten der Simulation

3.2.1 Klassifizierung

Da die Anwendungsbereiche von Simulationen sehr vielfältig sind, gehen die Meinungen über die eine Klassifizierung der Simulationsarten in der Literatur weit auseinander.

Beispielsweise unterteilt das Gabler Wirtschaftslexikon[5] die Simulation in Physikalische Modelle, Modelle mit menschlicher Entscheidung und deterministische Modelle, während die Universität Paderborn[6] eine Klassifikation in diskrete und kontinuierliche Simulation vornimmt – in der Online-Enzyklopädie Wikipedia[7] wird sogar nur zwischen der Simulation mit und ohne Computer unterschieden. Es existieren noch diverse weitere Unterteilungen, auf welche an dieser Stellt jedoch nicht weiter eingegangen werden soll.

Vielmehr soll hier die Klassifizierung von Domschke und Drexl[8] angeboten werden, da diese im vorliegenden Kontext am passendsten erscheint. Die Autoren unterscheiden drei grundlegende Arten der Simulation, auf welche im Folgenden kurz eingegangen wird.

3.2.2 Monte Carlo-Simulation

Bei der Monte Carlo-Simulation sind insbesondere zwei Eigenschaften des Roulettespiels von besonderem Interesse.

- Die Wahrscheinlichkeiten dafür, dass die Kugel bei einer bestimmten Zahl liegen bleibt, ist gleichverteilt und a priori bekannt, was zu einer einfachen Rekonstruierbarkeit durch einen Computer führt.

- Die Wahrscheinlichkeit, dass die Kugel bei einer bestimmten Zahl liegen bleibt ist unabhängig vom vorherigen Wurf. Der Faktor Zeit spielt also keine Rolle.

Die Monte Carlo-Simulation ist demnach besonders für die Analyse statischer Probleme mit bekannter Wahrscheinlichkeitsverteilung geeignet.

---

[5] Siepermann, M., Auer, B.R.: Gabler Wirtschaftslexikon – Simulation, Version 7, http://wirtschaftslexikon.gabler.de/Definition/simulation.html, Abrufdatum: 07.04.2011
[6] Universität Paderborn – Klassfizierung der Simulation: http://dsor-lectures.upb.de/index.php?id=448, Abrufdatum: 07.04.2011
[7] Wikipedia: Simulation: http://de.wikipedia.org/wiki/Simulation, Abrufdatum: 07.04.2011
[8] Domschke, W., Drexl, A.: Einführung in Operations Research – Springer Lehrbuch, Springer 2005, S. 224ff

3.2.3 Diskrete Simulation

Die diskrete Simulation, auf welcher der Fokus der vorliegenden Arbeit liegt, befasst sich mit der Modellierung von dynamischen Systemen. Prinzipiell wird bei diskreten Systemen zwischen ereignisorientierten, prozessorientierten und transaktionsorientierten Ansätzen zur Simulation unterschieden[9]. Diese zusätzliche Untergliederung weicht hier von den Ausführungen von Domschke und Drexl ab, da dies, abzielend auf die nachfolgenden Kapitel, ein besseres Verständnis ermöglicht.

Nach Raffel, ist die diskrete ereignisorientierte Simulation (kurz: Diskrete-Ereignis-Simulation) am weitesten verbreitet und seit langer Zeit etabliert[10]. Bei diesem Konzept ändert sich der Systemzustand sprungartig, während er im Zeitraum zwischen den Ereignissen konstant bleibt. Diese Zustandsänderung, ausgehend von einem Ereignis (engl. Event), wird als Ereignisausführung bezeichnet. Bei diesem Verfahren existiert eine Ereignismenge, in welcher alle, zum aktuellen Zeitpunkt möglichen, Ereignisse enthalten sind, wobei bei der konkreten Simulation, das Ereignis mit dem frühsten Zeitpunkt gewählt wird (mehr dazu in Kapitel 3.4). Durch die Ereignisausführen ändert sich dadurch nicht nur der Zustand der Systems, sondern auch die Ereignismenge, da Elemente entfernt und hinzugefügt werden können. Diese Ereignisse werden als Folgeereignisse des ausgeführten Ereignisses bezeichnet.

Der Zustand eines solchen Systems wird demnach durch eine (zeitabhängige) Zufallsvariablen beschrieben, die Anzahl der Zeitpunkt ist dabei endlich[11]. Zusätzlich zum oben beschriebenen Vorgehen der ereignisorientieren Zeitführung (next-event time advance) grenzen Domschke und Drexl die periodenorientierte Zeitführung (fixed-increment time advance) ab. Dabei wird eine Simulationsuhr um jeweils Δt Zeiteinheiten erhöht, die Zeiteinheit ist abhängig von der Problemstellung geeignet zu wählen. Nach jeder Aktualisierung der Simulationsuhrzeit wird geprüft, ob zustandsverändernde Ereignisse eingetreten sind.

Bei der „fixed-increment time advance"-Zeitführung hängt es stark von der Wahl der Zeiteinheit ab, ob innerhalb von Δt Ereignisse eintreten oder keine Zustandsänderung stattfinden, wohingegen bei der „next-event time advance"-Zeitführung diese nicht-zustandsverändernden Perioden ausgeblendet werden. Aufgrund dieses entscheidenden Vorteils wird in die „next-event time advan-

---

[9] Raffel, W.-U.: Agentenbasierte Simulation als Verfeinerung der Diskreten-Ereignis-Simulation, S. 2.

[10] Raffel, W.-U.: Agentenbasierte Simulation als Verfeinerung der Diskreten-Ereignis-Simulation unter besonderer Berücksichtigung des Beispiels Fahrerloser Transportsysteme, http://www.diss.fu-berlin.de/diss/receive/FUDISS_thesis_000000001542, S. 22.

[11] Domschke, W., Drexl, A.: Einführung in Operations Research – Springer Lehrbuch, Springer 2005, S. 225

ce"-Zeitführung in allen gängigen Simulationssprachen verwendet und wird auch im Rahmen der vorliegenden Arbeit zur Bearbeitung des Beispielszenarios (Kapitel 3.4) herangezogen.

3.2.4 Kontinuierliche Simulation

Bei der kontinuierlichen Simulation geht ebenfalls um die Modellierung und die Analyse dynamischer Systeme. Im Gegensatz zur diskreten Simulation ändert sich jedoch der Zustand (welche ebenfalls durch Zustandsvariablen abgebildet wird) kontinuierlich mit der Zeit.

Typischerweise arbeiten die Simulationsmodelle mit komplexen Differenzialgleichungen, um den Zusammenhang zwischen dem Zeitfortschritt und den Zustandsänderungen abzubilden.

3.3 Formalisierung der DES

Nun soll auf die allgemeine Formalisierung der diskreten Ereignissimulation nach Raffel[12] eingegangen werden. Wie bereits in Kapitel 3.2.3 erläutert, werden diejenigen Ereignisse erfasst, welche zu einer Zustandsänderung des simulierten Systems führen. In der Zeit zwischen dem Auftreten zweier Ereignisse bleibt der Zustand unverändert. Es wird dann immer genau das Ereignis ausgeführt, welches zeitlich an der nächsten Stelle steht. Demnach gehen wir hier speziell auf die „next-event time advance"-Methode ein, was in den in Kapitel 3.2.3 genannten Vorteilen begründet ist.

Nachfolgend soll zwischen den Begriffen Simulationssystem und simuliertes System in der Weise unterschieden werden, als dass es sich beim Simulationssystem um das System handelt, welches für die Simulation zuständig ist, während es sich beim simulierten System und das System handelt, welches simuliert wird. Der Zustand des simulierten Systems ist demnach Bestandteil des Zustandes des Simulationssystems. Der Zustand Z eines Simulationssystems wird repräsentiert durch ein Tupel (S, c, E), mit

- $S :=$ Zustand des simulierten Systems

- $c :=$ aktuelle Simulationszeit

---

[12] Raffel, W.-U.: Agentenbasierte Simulation als Verfeinerung der Diskreten-Ereignis-Simulation unter besonderer Berücksichtigung des Beispiels Fahrerloser Transportsysteme, http://www.diss.fu-berlin.de/diss/receive/FUDISS_thesis_000000001542, S. 22.

- $E :=$ Menge aller zur Simulationszeit c möglichen und noch nicht ausgeführten Ereignisse (Ereignismenge).

Ein Ereignis $e \in E$ wird definiert als Tupel (t, τ, P), mit

- $t :=$ Ausführungszeitpunkt des Ereignisses

- $\tau :=$ Ereignistyp

- $P :=$ Parametermenge in Abhängigkeit von τ.

Zur besseren Lesbarkeit werden Ereignisse im Folgenden durch die Schreibweise $\tau(p_1, p_2, \ldots, p_n)@t$ abgebildet, wobei im Falle $n = 0$ die Klammern entfallen dürfen.

Weiterhin wird eine Funktion f benötigt, welche einer Ereignisausführung entspricht und, abhängig vom Systemzustand S und dem Ereignis e, den Zustand des Simulationssystems verändert. Demnach gilt:

$$f: (State \times Event) \to (State \times 2^{Event}): f(S, e) = (S', E')$$

mit $S' :=$ neuer Zustand des simulierten Systems und $E' :=$ Menge der zusätzlich möglichen Ereignisse nach der Ausführung von e. Da es im Allgemeinen zu aufwändig wäre eine komplette Transitionsfunktion anzugeben, wird häufig eine Fallunterscheidung durch verschiedene Funktionsdefinitionen vorgenommen. Diese speziellen Funktionsdefinitionen, welche auch Regeln genannt werden, repräsentieren konkrete Werte für e, S, S' und E' (in genau dieser Reihenfolge) und werden tabellarisch (zeilenweise) darstellt, wie wir im Beispiel in Kapitel 3.4 sehen werden. Dabei gilt immer die am weitesten oben stehende Regel, falls mehrere Regeln auf das Problem passen, was ein totale Ordnung der Regeln zu einem Ereignistyp voraussetzt. Wäre diese Ordnung nicht vorhanden, könnte nicht entschieden werden, welche der Regeln angewendet werden soll.

Für dieses Transitionssystem ergibt sich damit eine Funktion δ, welche das Simulationssystem vom Zustand Z in den Zustand Z' überführt. Es gilt:

$$\delta: (State \times Time \times 2^{Event}) \to (State \times Time \times 2^{Event}):$$

$$\delta(S, c, E) = (S', t, (E \setminus \{e_{min}\}) \cup E'$$

wobei $e_{min} := \tau(p_1, p_2, \ldots, p_n)@t \in E$ das Ereignis mit dem nächsten Ausführungszeitpunkt zum Zustand Z ist, und $f(S, e_{min}) = (S', E')$ gilt.

Die Simulation ist dann beendet, wenn die Ereignismenge E leer ist, allerdings macht es häufig Sinn, die Simulation nach einer vorgegebenen Simulationszeit t_{max} zu stoppen. Dazu wird die Transitionsfunktion f so definiert, dass alle Ereignisse mit einem Ausführungszeitpunkt $t > t_{max}$ den Systemzustand unverändert lassen und keine neuen Ereignisse hinzufügen, wodurch die Ereignismenge geleert wird.

3.4 Beispiel der DES

3.4.1 Problembeschreibung

Das wohl populärste und anschaulichste Beispiel im Bereich der diskreten Ereignissimulation ist die Simulation der Warteschlange in einem Kaufhaus, welche auch in der vorliegenden Arbeit zu einem besseren Verständnis der Vorgehensweise beitragen soll. Hierbei wird sich aufgrund der vorgestellten Formalisierung ebenfalls an Raffel[13] angelehnt. Die Problembeschreibung sieht demnach wie folgt aus.

In einem Kaufhaus, welches über n Kassen verfügt, stellen sich ankommende Kunden an einer der Kassen an und warten auf Ihre Bedienung. Die Zeit zwischen dem Ankommen zweier Kunden ist dabei exponentialverteil mit dem Mittelwert μ und die Bedienungszeit an den Kassen ist im Intervall [a,b] gleichverteilt. Jede Kasse hat eine eigene Warteschlange und Kunden stellen sich stets an die Kasse mit der kürzesten Schlange und der kleinsten Nummer an. Zur Länge der Schlange zählen ausschließlich die wartenden Kunden, nicht jedoch der Kunde, da aktuell bedient wird. Wie bereits in der Formalisierung angesprochen, soll in diesem Beispiel die Simulation nach einer vorgegebenen Simulationszeit t_{max} gestoppt werden, was der Schließung des Kaufhauses entspricht. Nach dieser Zeit kommen keine neuen Kunden mehr hinzu, die bereits vorhandenen Kunden, werden allerdings noch bedient.

3.4.2 Definition der Simulationskomponenten

Der Einfachheit halber, werden im vorgestellten Beispiel lediglich drei Ereignistypen unterschieden – „Kunde kommt an", „Bedienung beendet" und „Kaufhaus schließt". Der Systemzustand wird durch die Länge l_i mit $i \in \{1, \dots n\}$, den Belegungszustand s_i der i-ten Kasse (frei oder belegt), sowie den Kaufhausstatus (geöffnet, geschlossen) beschrieben. Die Kasse wird demnach durch das Tupel (i, l_i, s_i) und der Kaufhaus(-status) durch s beschrieben.

Der Zustand des simulierten Systems ist also definiert durch:

---

[13] Raffel, W.-U.: Agentenbasierte Simulation als Verfeinerung der Diskreten-Ereignis-Simulation unter besonderer Berücksichtigung des Beispiels Fahrerloser Transportsysteme, http://www.diss.fu-berlin.de/diss/receive/FUDISS_thesis_000000001542, S. 24ff.

$$S = \{Kasse(1, l_1, s_1), \dots, Kasse(n, l_n, s_n), Kaufhaus(s)\}.$$

Im initialen Zustand des Simulationssystems sind alle Kassen leer ($l_i = 0, s_i = frei$) und das Kaufhaus geöffnet ($s = geöffnet$). Der Startzeitpunkt ist $c_0 = 0$ und die initiale Ereignismenge besteht aus den Ereignissen „Kunde kommt an" und „Kaufhaus schließt".

3.4.3 Algorithmische Formalisierung

„Kunde kommt an"

Beim Ereignis „Kunde kommt an" müssen grundsätzlich drei Situationen unterschieden werden:

1. Kaufhaus ist geöffnet und es existiert eine freie Kasse
2. Kaufhaus ist geöffnet und alle Kassen sind belegt
3. Kaufhaus ist geschlossen

Wie in Kapitel 3.3 angekündigt sollen hierfür spezielle Regeln erstellt werden, da eine aggregierte Funktionsdefinition sehr kompliziert werden würde. Auf diese Weise lassen sich die Situationen getrennt voneinander betrachten, wodurch die Komplexität des Problems reduziert wird.

In Situation 1 stellt sich ein Kunde an derjenigen freien Kasse mit kleinster Nummer an, die Regel dafür sieht demnach in tabellarischer Schreibweise wie folgt aus.

Ereignis	$Kunde\_kommt\_an@t$
Alter Zustand	$\{\dots, Kasse(i, 0, frei), \dots, Kaufhaus(geöffnet)\},$ $mit\ i = \min\{j|Kasse(j, o, frei)\}$
Neuer Zustand	$\{\dots, Kasse(i, 0, belegt), \dots, Kaufhaus(geöffnet)\}$
Folgeereignisse	$\{Kunde\_kommt\_an@(t + ExpZV(\mu)),$ $Bedienung\_beenget(i)@(t + GleichvZV(a, b))\}$

Tabelle 1: Fallbeispiel - Kunde kommt an - Situation 1

Wie in der Problembeschreibung erläutern kommen hierbei Exponentialverteilte und Gleichverteilte Zufallsvariablen für die Zeitbestimmung zum Einsatz, welche durch ExpZV und GleichvZV in der Funktionsdefinition ausgedrückt werden. Auf die Einführung in statistische Verteilungsfunktionen soll an dieser

Stelle verzichtet werden, stattdessen wird auf das Lehrbuch von L. Dümbgen[14] verwiesen.

In der 2. Situation stellt sich Kunde an der Kasse mit kürzesten Warteschlage an, sollte mehrere Warteschlage, mit gleichkurzer Anzahl der Wartenden existieren, wird diejenige davon mit der kleinsten Nummer gewählt. Es resultiert folgende Regel:

Ereignis	$Kunde\_kommt\_an@t$
Alter Zustand	$\{ ..., Kasse(1, l_i, belegt), ..., Kaufhaus(geöffnet)\},$ $mit\ i = \min\{j | \forall k (1 \le k \le n): l_j \le l_k\}$
Neuer Zustand	$\begin{Bmatrix} Kasse(1, l_1, s_1), ... Kasse(n, l_i + 1, belegt), ..., Kasse(n, l_n, s_n), \\ Kaufhaus(geöffnet) \end{Bmatrix}$
Folgeereignisse	$\{Kunde\_kommt\_an@(t + ExpZV(\mu))\}$

Tabelle 2: Fallbeispiel - Kunde kommt an - Situation 2

Bei Situation 3 ist das Kaufhaus bereits geschlossen, sodass gemäß der Problembeschreibung keine neuen Ereignisse erzeugt werden. Die Regel sieht demnach wie folgt aus:

Ereignis	$Kunde\_kommt\_an@t$
Alter Zustand	$\{Kasse(1, l_1, s_1), ... Kasse(1, l_n, s_n), Kaufhaus(geschlossen)\}$
Neuer Zustand	$\{Kasse(1, l_1, s_1), ... Kasse(1, l_n, s_n), Kaufhaus(geschlossen)\}$
Folgeereignisse	$\emptyset$

Tabelle 3: Fallbeispiel - Kunde kommt an - Situation 3

„Bedienung beendet"

Beim Ereignis „Bedienung beendet" müssen zwei Situationen unterschieden werden:

1. An der betreffenden Kasse existiert eine Warteschlange ($l_i > 0$)
2. An der betreffenden Kasse existiert keine Warteschlange ($l_i = 0$)

Das Ereignis hat demzufolge als Parameter die Nummer i der Kasse. In Situation 1 muss einerseits die Länge l der Warteschlange um 1 reduziert und andererseits ein Nachfolgeereignis „Bedienung beendet" für die betreffende Kasse generiert werden, woraus folgende Regel resultiert:

---

[14] Dümbgen, L.: Stochastik für Informatiker – Statistik und ihre Anwendungen, Springer 2003

Ereignis	$Bedienung\_beendet(i)@t$
Alter Zustand	$\{..., Kasse(i, l_i + 1, belegt), ..., Kaufhaus(s)\}$
Neuer Zustand	$\{..., Kasse(i, l_i, belegt), ..., Kaufhaus(s)\}$
Folgeereignisse	$\{Bedienung\_beendet(i)@(t + GleichvZV(a, b))\}$

Tabelle 4: Fallbeispiel - Bedienung beendet - Situation 1

In Situation 2 wird hingegen die Kasse frei und es wird kein Folgeereignis erzeugt:

Ereignis	$Bedienung\_beendet(i)@t$
Alter Zustand	$\{..., Kasse(i, 0, belegt), ..., Kaufhaus(s)\}$
Neuer Zustand	$\{..., Kasse(i, 0, frei), ..., Kaufhaus(s)\}$
Folgeereignisse	$\emptyset$

Tabelle 5: Fallbeispiel - Bedienung beendet - Situation 2

„Kaufhaus schließt"

Beim Ereignis „Kaufhaus schließt" werden weder Parameter noch Fallunterscheidungen benötigt, da lediglich der Kaufhausstatus von geöffnet auf geschlossen gesetzt wird. Demnach werden auch keine Folgeereignisse generiert. Die zugehörige lässt sich wie folgt darstellen.

Ereignis	$Kaufhaus\_schließt@t$
Alter Zustand	$\{Kasse(1, l_1, s_1), ... Kasse(1, l_n, s_n), Kaufhaus(geöffnet)\}$
Neuer Zustand	$\{Kasse(1, l_1, s_1), ... Kasse(1, l_n, s_n), Kaufhaus(geschlossen)\}$
Folgeereignisse	$\emptyset$

Tabelle 6: Fallbeispiel - Kaufhaus schließt

3.4.4 Abschlussbemerkungen

Durch diese in Regeln ausgedrückten Ereignis- bzw. Funktionsdefinitionen wird das zu simulierende Modell in Gänze formal beschrieben, sodass in jedem Zustand die Transitionsfunktion exakt bestimmt werden kann. Es bleibt nun noch zu belegen, dass das Simulationssystem auch tatsächlich terminiert. Hierfür soll jedoch auf die Ausführungen in der Arbeit von Raffel[15] verwiesen werden.

Es bleibt jedoch festzuhalten, dass es selbst bei einem solch einfachen Beispiel nicht immer einfach ist, das Simulationssystem korrekt zu definieren. Durchaus könnte hier, wenn auch nicht wahrscheinlich, der Fall und damit auch die Problematik eintreten, dass zwei Ereignisse mit identischem Ausführungszeitpunkt generiert werden. Welches dieser Ergebnisse während der Simulation zuerst ausgeführt wird, ist der vorhandenen Definition nicht spezifiziert, sodass hier nachgewiesen werden muss, dass keine fehlerhaften Zustände eintreten können.

---

[15] Raffel, W.-U.: Agentenbasierte Simulation als Verfeinerung der Diskreten-Ereignis-Simulation unter besonderer Berücksichtigung des Beispiels Fahrerloser Transportsysteme, http://www.diss.fu-berlin.de/diss/receive/FUDISS_thesis_000000001542, S. 27ff.

4 Untersuchungsansatz

4.1 Review

Die vorliegende Arbeit wurde nach der Review Methode erstellt. Der Review Begriff ist breit gefächert und es existieren viele verschiedene Sichtweisen. Diese Arbeit lehnt sich an den Beitrag von Cooper[16] an, da dieser allgemein am Verbreitetesten ist und auch in der Literatur viel Anklang und Zustimmung findet. Demnach wird ein Review durch zwei wesentliche Merkmale definiert:[17]

1. Die Grundlage eines Reviews sind verschiedene Primäruntersuchungen, auf denen ein Review aufgebaut wird. Diese Untersuchungen werden zu einer oder mehreren, thematisch ähnlichen, Forschungsfrage(n) durchgeführt. Im Review selbst werden keine neuen primären Ergebnisse zur Forschungsfrage vorgestellt.

2. Das Ziel eines Reviews ist, die Ergebnisse einiger ausgewählter Primäruntersuchungen zu bewerten, zusammenzufassen, zu beschreiben, zu klären oder zu integrieren. Das Review kann sich dabei auf inhaltliche, methodische, theoretische oder auch andere Eigenschaften der Primäruntersuchungen stützen.

Cooper definiert die Vorgehensweise zur Erstellung eines Reviews mit Hilfe von sechs Schritten: „Focus of attention, goal of the synthesis, perspective on the literature, coverage of the literature, organization of the presentation and intended audience"[18] (Problemformulierung, Zielsetzung, Literatursuche, Literaturauswertung, Präsentationsvorbereitung, Bestimmung der Zielgruppe).

Diese Schritte werden im Folgenden näher erläutert.

4.2 Vorgehensweise

Die Review Methode gliedert sich in die bereits erwähnten 5 Hauptbereiche, an denen sich auch diese Arbeit orientiert.

---

[16] Cooper, H.M.: Synthesizing Research – A Guide for Literature Reviews. 3.Aufl., Thousand Oaks et al. 1998.
[17] Fettke, P.:State-of-the-Art des State-of-the-Art - Eine Untersuchung der Forschungsmethode „Review" innerhalb der Wirtschaftsinformatik, Wirtschaftsinformatik 48 (2006) 4, S.258.
[18] Cooper, H.M., Hedges L.V.: The Handbook of Research Synthesis, Russell Sage Foundation,1994, S.4.

Der erste Schritt stellt die Problemformulierung dar, in der die Fragestellung ausformuliert, abgegrenzt und näher präzisiert[19] wird. Danach folgt die Literatursuche. Hier werden verschiedene Bibliotheken und Literaturdatenbanken nach entsprechenden Schlagwörtern, wie beispielsweise „Event Simulation" oder „Diskrete Ereignissimulation", durchsucht und die Literatur gesammelt. Im dritten Schritt, der Literaturauswertung, wird dann festgestellt, welche der gefundenen Schriften relevant für das Thema sind und Literatur, die sich als irrelevant herausstellt, kann nun abgegrenzt werden. Die relevante Literatur wird gegliedert, bedeutende Stellen markiert und danach nach Wichtigkeit sortiert. In der darauffolgenden Phase, der Analyse und Interpretation, werden die Ergebnisse der vorherigen Phase analysiert, wobei die Fragestellung, auf die sich das Review bezieht, immer im Vordergrund steht und ein ständiger Bezug hergestellt wird.[20] Als letzte Phase folgt dann die Präsentation der Lösungsansätze, wobei die Ergebnisse der Untersuchung aufbereitet, auf einander abgestimmt und der Öffentlichkeit präsentiert werden.

Man kann von vorneherein allerdings nicht von solch einem starren Ablauf ausgehen, es ist immer möglich, dass wieder Rückschritte zwischen den einzelnen Phasen erfolgen und somit ein zyklischer Ablauf entsteht.

---

[19] Fettke, P.: State-of-the-Art des State-of-the-Art - Eine Untersuchung der Forschungsmethode „Review" innerhalb der Wirtschaftsinformatik, Wirtschaftsinformatik 48 (2006) 4, S.260.

[20] Fettke, P.:State-of-the-Art des State-of-the-Art - Eine Untersuchung der Forschungsmethode „Review" innerhalb der Wirtschaftsinformatik, Wirtschaftsinformatik 48 (2006) 4, S.258.

5 Erweiterte Konzepte

Eine Erweiterung der Diskreten Ereignissimulation können die Objektorientierte Simulation und die Agentenbasierte Simulation verstanden werden.[21] Die Notwendigkeit der Erweiterung der heute etablierten Diskreten Ereignissimulation ist darin begründet, dass diese, bei der Modellierung und Simulation komplexer Systeme, bestehend aus mehreren Bestandteilen, schnell an ihre Grenzen stößt. Dies wiederum hängt mit der formal sehr komplizierten Definition der Systeme zusammen.

Das Konzept der Agentenbasierten Simulation sieht deshalb eine Trennung der Systemkomponenten in sog. Agenten vor, welche dann unabhängig voneinander deklariert werden können. Wie auch bereits aus anderen Forschungsdisziplinen bekannt, führt diese Trennung der einzelnen Bereiche zu einer Reduktion der Komplexität, was zu einer stark verbesserten Handhabbarkeit des Konzeptes führt.

Es wird dabei zunächst die Diskrete Ereignissimulation in ihrer einfachsten Form, dem Basismodell, formalisiert und anschließend Erweiterungen vorgenommen, welche zur objektorientieren Simulation führen. Bei diesen Erweiterungen handelt es sich um

- die Generierung eines objektorientierten Zustands,
- die Unterscheidung zwischen exogenen und Folgeereignissen und
- die Ersetzung der Angabe von altem und neuem Zustand durch Angabe von Zustandsbedingung und Zustandseffekt.

Basierend auf der objektorientierten Simulation wird anschließend das System bis zur Agentenbasierten Simulation erweitert, indem das Modell um

- Nachrichten und
- die Trennung zwischen externem und internem Agentenzustand

erweitert wird. Bei der Agentenbasierten Simulation wird dann eine Teilung des Systems in aktive Entitäten, den Agenten, und passive Entitäten, den Objekten, vorgenommen. Es existiert demnach ein Simulator, welcher einerseits die Objekte verwaltet und andererseits für jeden Agenten einen Agentensimulator generiert.

Während bei der Diskreten Ereignissimulation genau ein simuliertes System betrachtet wird, aus welchem die nachfolgenden Ereignisausführungen gene-

---

[21] Raffel, W. U.: Agentenbasierte Simulation als Verfeinerung der Diskreten-Ereignis-Simulation, URL: http://www.wuraffel.de/wissenschaft/publikationen/ExposeRaffel.pdf, Abrufdatum: 14.04.2011

riert werden, muss nun bei der Agentenbasierten Simulation die gesamte Umgebung inklusive aller Agenden untersucht werden. Dadurch wird ein zyklisches Ablaufschema, bestehend aus 5 Schritten benötigt, um eine Zeitabschnitt nach vorne zu schreiten.

1. Der Umgebungssimulator ermittelt alle in aktuellen Zyklus stattfindenden Ereignisse

2. Auf Basis des aktuellen Umgebungszustands und den in Schritt 1 ermittelten Ereignissen wird ein neuer Umgebungszustand, eine Menge an Folgeereignissen und darüber hinaus die „Wahrnehmung" für jeden Agenten ermittelt.

3. Jedem Agentensimulator wird die in Schritt 2 ermittelte Menge an „Wahrnehmungen" mitgeteilt.

4. Jeder Agentensimulator bestimmt die im aktuellen Zyklus stattfindenden internen Ereignisse, woraus basierend, ein neuer Agentenzustand, inklusive der Folgeereignisse, ermittelt wird.

5. Wenn der Umgebungssimulator von allen Agenten die ausgeführten Ereignisse erhalten hat, wird die Zeit weitergesetzt.

Für diese Form der agentenbasierten Simulation existiert aktuell ein Prototyp in Form eines „proof of concept".

6 Aktuelle Entwicklungen und offene Probleme

Wie einleitend erläutert, handelt es sich bei der diskreten Ereignissimulation um ein verhältnismäßig altes und etabliertes Simulationsvorgehen. Demnach finden aktuell sehr wenige Weiterentwicklungen in diesem Bereich statt.

Der im Kapitel 5 vorgestellte Ansatz der Agentenbasierten Simulation gehört dabei zu den aktuellsten Entwicklungen, welche ihre Begründung einerseits in der Behandlung der Komplexität und andererseits in der Implementierbarkeit solcher Systeme zu sehen ist.

Ein Problem ist nach wie vor die Komplexität der Systemdefinition, gerade bei größeren und über mehrere Komponenten verfügenden, Systemen. Hierbei wird aktuell, insbesondere auch im Hinblick auf eine nachfolgende Implementierung, einerseits auf die Modellierung mit UML, andererseits auf XML bzw. XMI gesetzt[22].

Die Verwendung von UML geht dabei im Hinblick auf die Systemmodellierung den verbreiteten Weg von einer rein formalen Problembeschreibung, hin zu einer grafischen Problembeschreibung.

---

[22] Raffel, W. U.: Agentenbasierte Simulation als Verfeinerung der Diskreten-Ereignis-Simulation, URL: http://www.wuraffel.de/wissenschaft/publikationen/ExposeRaffel.pdf, S. 3, Abrufdatum: 14.04.2011

7 Aktuelle Software

7.1 Übersicht

Heute existieren bereits sehr viele Software-Werkzeuge, welche in der technischen Unterstützung der Diskreten Ereignissimulation ihren Fokus sehen. Eine erster Überblick kann hierbei der Online-Enzyklopädie Wikipedia entnommen werden[23].

Open Source:

- PowerDEVS: Integriertes Werkzeug für die hybride Systemmodellierung und Simulationen basierend auf der Formalisierung der DES.

- SimPy: Ein Paket zur prozessorientierten DES.

- Tortuga: Java-Framework für DES

- Facsimile: DES Simulations- und Emulationsbibliothek

- Galatea: Agentenbasierte Simulationsplattform

- MASON: Multi-Agenten Simulationsbibliothek

Kommerziell:

- AnyLogic: Überstützt unter anderem DES und Agentenbasierte Simulation mit grafischen Auswertung

- Arena: Simulations- und Automationssoftware

- Enterprise Dynamics: Simulationsplattform mit grafischer Modellierung und 2D/3D Animationen

- GoldSim: In das Monte-Carlo Framework integriertes System für DES

- NetSim: Netzwerksimulation mit integrierter Entwicklungsumgebung

- Plant Simulation: Basierend auf DES wird hier die Simulation und Optimierung von Produktionssystemen und Prozessen ermöglicht.

- Renque: DES-Software mit Visual-Basis Unterstützung mit grafischem Interface für Entwicklung und Ausführung.

- SimEvents: Erweitung von MathWorks, welche DES zur MATLAB-Umgebung ermöglicht.

- SIMUL8: Objektbasierte Simulation

---

[23] Wikipedia: List of discrete event simulations software, URL: http://en.wikipedia.org/wiki/List_of_discrete_event_simulation_software, Abrufdatum: 14.04.2011

- Simcad Pro: Simulationssoftware mit Grafischer Benutzerschnittstellt, ohne Kodierungsmöglichkeiten. Unterstützt 2D/3D Animationen.

Sonstige:

- GPSS: Reine DES-Plattform
- Simula: Objektorientierte Simulationsprogrammiersprache
- Vensim: Software zur Simulation und Optimierung

Darüber hinaus werden auch heute noch Neuentwicklungen im Bereich der DES-Werkzeuge durchgeführt, welche häufig im Rahmen der Forschung durchgeführt werden. Ein Beispiel hierfür ist ein aktuelles Projekt an der Universität des Saarlandes[24].

Weiterhin existieren speziell im Bereich des Geschäftsprozessmanagements unzählige Werkzeuge, welche die Simulation von Geschäftsprozessen ermöglichen. Hierzu sei auf die Marktanalyse und die Detailanalyse ausgewählter BPM-Tools des vorliegenden Forschungsprojektes verwiesen.

Im Folgenden wird zur Demonstration der technischen Möglichkeiten das Werkzeug AnyLogic kurz beschrieben.

7.2 AnyLogic

Die Simulationssoftware AnyLogic von XJ-Technologies ist sehr umfangreich – neben der diskreten Ereignissimulation werden auch Agentenbasierte Simulationen, Dynamische Systeme, Monte-Carlo-Simulationen und vieles mehr technisch unterstützt.

Dabei können unterschiedliche Modelle direkt in die Software importiert, bearbeitet und simuliert werden. Die Ergebnisse können schließend zur Modelloptimierung verwendet werden. Interessant ist hierbei, dass unterschiedliche Simulationsverfahren auf ein Problem angewendet werden können.

Weiterhin bietet das Werkzeug auch diverse grafische Auswertungsmöglichkeiten in Form von unterschiedlichen Diagrammen und 2D/3D Simulationen.

Durch die Java-basierte Implementierung ist die Software außerdem plattformunabhängig auf jedem beliebigen Betriebssystem lauffähig.

---

[24] Johr, S.: Diskrete Ereignissimulation, URL: http://depend.cs.uni-sb.de/index.php?id=274, Abrufdatum: 14.04.2011

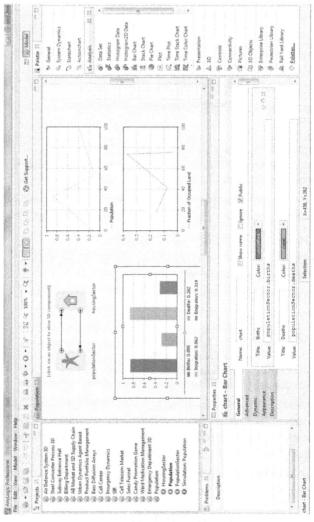

Abb. 1: Any Logic Professional[25]

---

[25] XJ-Tec Screenshots: URL: http://www.xjtek.com/anylogic/overview/screenshots/, Abruda-tum: 14.04.2011

8 Erweiterung des Bezugsrahmens

8.1 Überblick

In diesem Kapitel werden die Zusammenhänge der Simulation im Allgemeinen und der diskreten Ereignissimulation im Speziellen und dem Geschäftsprozessmanagement genauer betrachtet. Weiterhin werden Anforderungen erhoben, die BPM-Tool erfüllen muss, damit diese Simulationen durch das Tool abgebildet werden können.

Die konkrete Bedeutung des und Definition des Geschäftsprozessmanagements wird im Dokument „Allgemeiner Bezugsrahmen" in Kapitel 2.2 erörtert. Daher wird auf das BPM selbst in diesem Kapitel nicht mehr eingegangen, sondern direkt auf den Bezug von Simulationen auf das Geschäftsprozessmanagement.

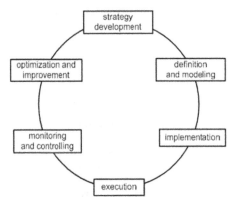

Abb. 2: BPM-cycle for continous business process improvement[26]

Die Simulation ist nach den Phasen des BPM Lebenszyklus im Wesentlichen in den Bereich „monitoring and controlling" einzuordnen, jedoch kann ebenfalls ein Bezug zum Bereich „optimization and improvement" festgestellt werden, da die Ergebnisse von Simulationen einen signifikanten Effekt auf die Prozessoptimierung vorweisen.

---

[26] Empirical Research in Business Process Management – Analysis of an emerging field of research, S. 4

8.2 Ereignissimulation und BPM

Der wesentliche Vorteil, der die Simulation zum Geschäftsprozessmanagement betragen kann, ist, dass neu entwickelte Modelle, ebenso wie adaptierte Modelle bereits vor der Ausführung simuliert und damit evaluiert werden können.

So können Fehler und Schwachstellen bereits vor dem Produktivbetrieb identifiziert und behoben werden. Es können weiterhin Informationen über vorher nicht bedachte Zustände in der Prozessabwicklung gewonnen werden. Da Simulationen prinzipiell in der Lage sind, alle möglichen Prozesspfade zu verfolgen können Aussage über Prozesslaufzeiten, Prozesskosten und kritische Pfade aus den Simulationen resultieren.

8.3 Umsetzung der Ereignissimulation in BPM Suiten

Die vorliegende Arbeit habe gezeigt, wie Simulationen im Allgemeinen und die diskrete Ereignissimulation im Speziellen arbeiten, und welche Daten und Informationen notwendig sind, um diese durchzuführen. Aufbauend auf diesen Informationen sollen nun Kriterien angegeben werden, welche notwendig sind, um Simulationen in einem BPM-Werkzeug zu realisieren bzw. welche erfüllt sein müssen, damit das Werkzeug Simulationen unterstützt.

Zunächst muss eine Komponente vorhanden sein, welche eine eventuelle Simulation durchführen kann. Dabei kann zwischen den einzelnen Simulationen unterschieden werden. Konkret bedeutet dies, das obligatorische Vorhandensein eines Simulationssystems, wie in Kapitel 3 beschrieben. Falls die Diskrete Ereignissimulation unterstützt wird, sollte weiterhin geprüft werden, welche Arten der Zeitführung hierbei angewendet werden können.

In der vorliegenden Arbeit wurde außerdem gezeigt, dass Simulationsmodelle auf unterschiedliche Arten modelliert werden können. Einerseits kann dazu eine rein formale Modellierung (siehe Fallbeispiel), andererseits auch eine modellartige Modellierung, wie sie in gängigen Software-Werkzeugen vorzufinden ist, eingesetzt werden.

Zur Simulation werden prinzipiell Zeitpunkte benötigt, an denen die Ereignisse eintreten. In der Regel kann dies in den Werkzeugen durch die Angabe von Laufzeiten einzelner Aktivitäten abgebildet werden. Es sollte an dieser Stelle untersucht werden, welche Möglichkeiten hierzu angeboten werden – also ob lediglich fixe Zahlenwerte oder sogar entsprechende Verteilungen hinterlegt werden können. Je nach Detaillierungsgrad, könnten in diesem Fall auch die konkreten Verteilungen hinterlegt werden.

Manche Werkzeuge bieten auch die Möglichkeit der Hinterlegung von Risiko-werten. Bei diesen Werten handelt es sich um Wahrscheinlichkeiten, welche vor allem an Zweigstellen innerhalb von Geschäftsprozessen eingesetzt wer-den, um zu entscheiden, welcher Zweig als nächstes durchlaufen wird. Diese Werte können ebenfalls in der Simulation verwendet werden, sodass auf deren Verfügbarkeit geprüft werden sollte.

Interessant für die Simulation kann ebenfalls die Ausführung in einem Debug-Modus sein, welcher die schrittweise Verfolgung der Zustandsübergange, so-wie eine Einflussnahme ermöglicht.

Ein wesentliches Qualitätskriterium ist außerdem die Aufbereitung der Simula-tionsergebnisse. Dies kann einerseits in textueller bzw. tabellarischer Form, als auch durch Diagramme oder sogar 3D-Visualisierungen erfolgen.

(Discrete Event) Simulation	
Vorhandene Simulati-onssysteme	Monte-Carlo-Simulationssystem, Kontinuierliche Simulation, Diskrete Ereignissimulation, Objekt-basierte Simulation, Agentenbasierte Simulation
DES-Zeitführung	Next-time event advance, fixed-increment time advance
Modellierung des Simu-lationssystems	formal, modellartig
Hinterlegung von Laufzeiten	Fixe Zahlenwerte, Exponentialverteilung, Gleichverteilung, Sonstige
Hinterlegung von Risikowerten	Ja/Nein
Simulations-Debugging	Ja/Nein
Visualisierung der Simu-lationsergebnisse	textuell/tabellarisch, grafisch (Diagramme), 3D-Visualisierung

9 Fazit und Ausblick

Die vorliegende Arbeit hat zu Beginn in die grundlegenden Konzepte der Simulation und speziell der diskreten Ereignissimulation eingeführt. Diese Konzepte wurden anschließend anhand eines Fallbeispiels verdeutlicht.

Weiterhin wurde als erweitertes Konzept insbesondere die Agentenbasierte Simulation betrachtet und dazu offene Probleme und aktuelle Entwicklungen diskutiert.

Das Kapitel über die aktuelle Software hat gezeigt, dass bereits sehr viele Software-Werkzeuge im Bereich der Simulation zur Verfügung stehen, und diese eine sehr hohe Marktreife aufweisen. Neben Spezialwerkzeugen existieren demnach auch Problemunabhängige Lösung, ebenso wie integrierte Komponenten in Werkzeugen zum Geschäftsprozessmanagement.

Der konkrete Bezug zum BPM wurde schließlich unter dem Titel „Erweiterung des Allgemeinen Bezugsrahmens" dargelegt und ebenfalls eine Einordnung in den BPM-Lebenszyklus angeboten. Es wurden darin auch Kriterien erarbeitet, welche erfüllt sein müssen, um Simulationen in BPM-Werkzeugen sinnvoll zu unterstützen.

Es lässt sich festhalten, dass Simulationen ein mächtiges Werkzeug innerhalb des Geschäftsprozessmanagements darstellen, da Prozesse bereits vor der produktiven Ausführung geprüft und evaluiert werden können. Dadurch können wertvolle Informationen gewonnen werden, welche spätere Mängel im Vorfeld unterbinden. Ebenso kann die Prozesssimulation einen entscheidenden Beitrag zur Prozessoptimierung leisten.

Es ist abzusehen, dass die Simulation auch in Zukunft immer mehr Einzug in das Geschäftsprozessmanagement halten wird, da erhebliche Mehrwerte, beispielsweise in Form der Erkenntnisgewinnung oder Kosteneinsparung erzielbar sind.

Literaturverzeichnis

Cooper, H.M., Hedges L.V.: The Handbook of Research Synthesis, Russell Sage Foundation,

Cooper, H.M.: Synthesizing Research – A Guide for Literature Reviews. 3.Aufl., Thousand Oaks et al. 1998.

Domschke, W., Drexl, A.: Einführung in Operations Research – Springer Lehrbuch, Springer 2005

Dümbgen, L.: Stochastik für Informatiker – Statistik und ihre Anwendungen, Springer 2003

Empirical Research in Business Process Management – Analysis of an emerging field of research

Fettke, P.:State-of-the-Art des State-of-the-Art - Eine Untersuchung der Forschungsmethode „Review" innerhalb der Wirtschaftsinformatik, Wirtschaftsinformatik 48 (2006) 4

Johr, S.: Diskrete Ereignissimulation, URL: http://depend.cs.uni-sb.de/index.php?id=274, Abrufdatum: 14.04.2011

Raffel, W.-U.: Agentenbasierte Simulation als Verfeinerung der Diskreten-Ereignis-Simulation

Raffel, W.-U.: Agentenbasierte Simulation als Verfeinerung der Diskreten-Ereignis-Simulation unter besonderer Berücksichtigung des Beispiels Fahrerloser Transportsysteme, http://www.diss.fu-berlin.de/diss/receive/FUDISS_thesis_000000001542

Siepermann, M., Auer, B.R.: Gabler Wirtschaftslexikon – Simulation, Version 7, http://wirtschaftslexikon.gabler.de/Definition/simulation.html, Abrufdatum: 07.04.2011

Universität Paderborn – Klassfizierung der Simulation: http://dsor-lectures.upb.de/index.php?id=448, Abrufdatum: 07.04.2011

Wikipedia: List of discrete event simulations software, URL:
http://en.wikipedia.org/wiki/List_of_discrete_event_simulation_softwar
e, Abrufdatum: 14.04.2011

Wikipedia: Simulation: http://de.wikipedia.org/wiki/Simulation, Abrufdatum:
07.04.2011

XJ-Tec Screenshots: URL:
http://www.xjtek.com/anylogic/overview/screenshots/, Abrufdatum:
14.04.2011